颜真卿祭侄文稿

历代法书摄英

历代法书摄英编委会 编

浙江人民美术出版社

前言

法书又称法帖，是对古代名家墨迹，以及可以作为书法楷模的范本的敬称。中华文明史上留下了浩如烟海的碑帖，成形之书，始于三代，盛于汉魏，而后演变万代。编者敬怀于历代书法巨擘的尊崇，从中选取流传有绪的墨迹名帖，以飨读者。

颜真卿(七〇九—七八四)，字清臣；祖籍琅琊临沂(今山东临沂)，乃江左望族，至北齐五世祖颜之推入周，移居雍州万年(今陕西西安)。颜真卿曾官至太子太师，被封为鲁郡开国公，因而被后人尊称为『颜鲁公』、『颜太师』；又因为他曾为平原郡(今山东平原县)太守，所以又被称为『颜平原』。

颜真卿出生在一个世代习书的家庭，九世祖颜腾之、八世祖颜炳之、六世祖颜协、曾祖颜勤礼，皆以能书名世。祖父颜昭甫，擅长篆、隶、草书。父亲颜惟贞书法见称于当时，就连母亲殷氏也出身于书香门第。

颜真卿二十五岁时参加京兆府府试，因成绩优异，被府举选参加次年的进士科考试，以甲科举第。进士及第后即迎娶太子中书舍人韦迪之女为妻。此后又相继作醴泉县(今属陕西)县尉、朝散郎、秘书省著作局校书郎、殿中侍御史、平原郡太守、刑部尚书兼御史大夫、同州(今陕西大荔)刺史、蒲州(今山西永济)刺史、户部侍郎、刑部尚书，散官光禄大夫，勋爵上柱国、鲁郡开国公，阶属二品，执掌吏部，权威并重。

建中三年(七八二)，淄青节度使李纳称齐王，朝廷派李希烈带领三万人马平叛。不料李希烈一到许州(今河南许昌)，反而与叛军互相勾结，夺汴州(今河南开封)，陷汝州(今河南临汝)，取尉氏(今属河南)，围郑州，逼洛阳，自称大楚皇帝。权臣卢杞欲借刀杀人，提出派颜真卿到李希烈军前劝降。德宗听从了卢杞的建议，诏颜真卿以淮西宣慰使的身分前往许州宣慰李希烈。颜真卿义无反顾，慨然从命，见到李希烈即凛然相劝，终被缢杀，卒年七十七岁。德宗诏赠『司徒』，谥曰『文忠』。宋人仰慕颜真卿品节，曾建忠义堂祭祀鲁公。

颜真卿早年学习过王羲之、褚遂良的书法，后来师从张旭。在广泛涉猎钟鼎篆隶、南帖北碑的基础上，吸收民间书法的精华，纳古法于新意之中，生新法于古意之外，陶铸万象，隐括众长，终于形成了大气磅礴、雄强豪放的艺术风格。诚如苏轼所说：『颜鲁公书雄秀独出，一变古法，如杜子美诗，格力天纵，奄有汉、魏、晋、宋以来风流。后之作者，殆难复措手。』

颜真卿的楷书在结体上端庄安详，伟岸宽博，寓欹于正，寓巧于拙，不以左低右高取姿，而在外密中疏处求险，寓变化于平淡之中，逞遒美于点画之外，且略带弧形的左右竖画也使整个结构更加浑厚而富有内在的张力。在用笔上，以篆籀浑厚古朴的圆笔为主，转折时不露锋棱，杂以斩钉截铁的方笔，钩如屈金，戈如发弩，纵横有象，低昂有态，雄强劲挺，遒美矫健。在布局上，行间茂密，气势充沛，起伏跌宕，掩映顾盼，神机幻化，一气呵成。以他那宽厚大气、气宇轩昂、纵笔豪放、一泻千里的壮美气概，打破了从唐初以来王体书法一统天下的局面，从而受到众口一词的高度赞美。正因为颜体楷书大气磅礴，魄力雄伟，因而影响了一代又一代的书家。唐代晚期的柳公权，五代的杨凝式，宋代的四大书家苏轼、黄庭坚、米芾和蔡襄都受到颜的孳乳。元、明、清各代的书家，如王铎、刘墉、何绍基等书家的楷书作品里也不难寻觅到颜书的痕迹。

总之，颜真卿在楷书艺术上成就之大、影响之广，几乎无人能与之比肩。他一生书写了大量的楷书作品，由于大多书于碑刻，所以大部分流传下来了。目前存世中较有名的楷书碑刻有《多宝塔碑》、《勤礼碑》、《麻姑仙坛记》、《颜氏家庙碑》、《大唐中兴颂》、《郭公庙碑铭》、《李玄靖碑》、《东方朔画像赞》、《元结碑》等，楷书墨迹有《自书告身帖》。行草书作品有《祭侄文稿》、《争座位帖》、《刘中使帖》、《裴将军诗》等。

《祭侄文稿》，麻纸本，墨迹，纵二十八·二厘米，横七十二·三厘米，二十三行，共二百三十四字，作于唐肃宗乾元元年（七五八），现藏台北故宫博物院。此稿纵笔浩放，一泻千里，时出遒劲，杂以流丽，无一懈笔，无一败笔，充分显示了颜真卿娴熟的技巧和深厚的功力。

顏真卿祭姪文藁記

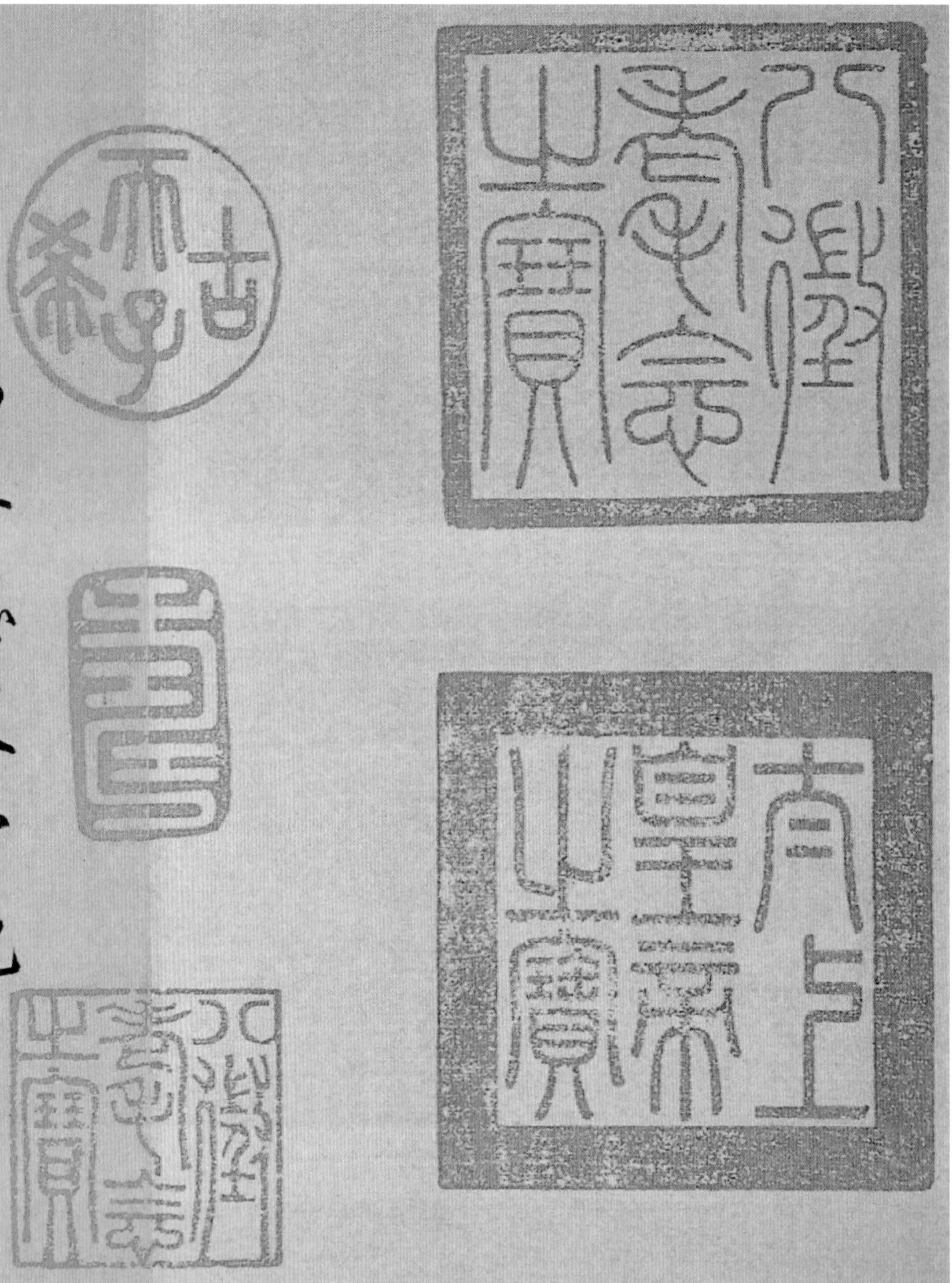

内府所收颜真卿真迹凡四入石渠宝
笈者一（真卿书建中三年朱巨川告身）待续入者三（真卿自书告身卷又书建中元年朱巨川告身卷又裴将军诗卷）别有一
争座位帖似属赝鼎列之石渠次等不
以为珍也兹乃得其祭姪季明文稿真
迹披阅一再叹其一家捨身尽节而为
其君者如不知也又叹其经千年沧桑

之變而故紙完存誠有所謂神物呵護
者也昔張旭觀公孫大娘之舞而悟書
法得端莊流麗之妙若自書告身帖及
朱巨川告身帖所為端莊者也若裴將
軍詩帖所為流麗者也合端莊流麗為
一而更出以無心其在此祭姪文藁乎
此卷之題跋流傳王頊齡徐乾學諭之

詳矣茲不復贅獨是二人者皆本朝世
家亦嘗叮嚀其子弟善守希珍矣今其
子弟不能守而鬻之鹽商擁鹽者從而
貴之以登之内府撫卷三嘆知忠烈之
可以永存而聲華之未安恒保更思時
有忠烈之臣則其世安多喪亂之事是
可畏之甚也且此數卷獨非宣和書譜

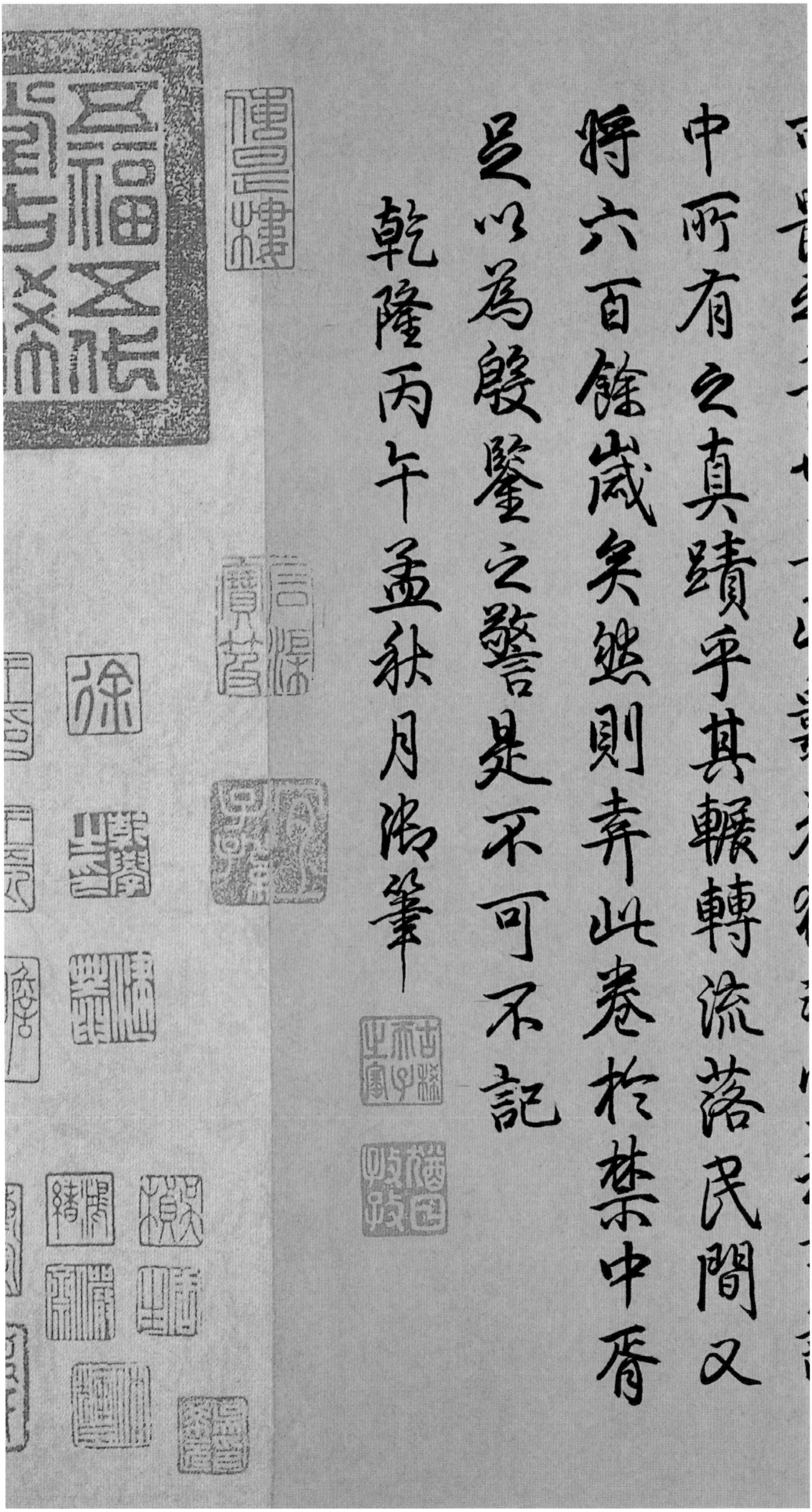
中所有之真蹟乎其輾轉流落民間又
將六百餘歲矣然則弆此卷於禁中喬
足以為殷鑒之警是不可不記
乾隆丙午孟秋月御筆

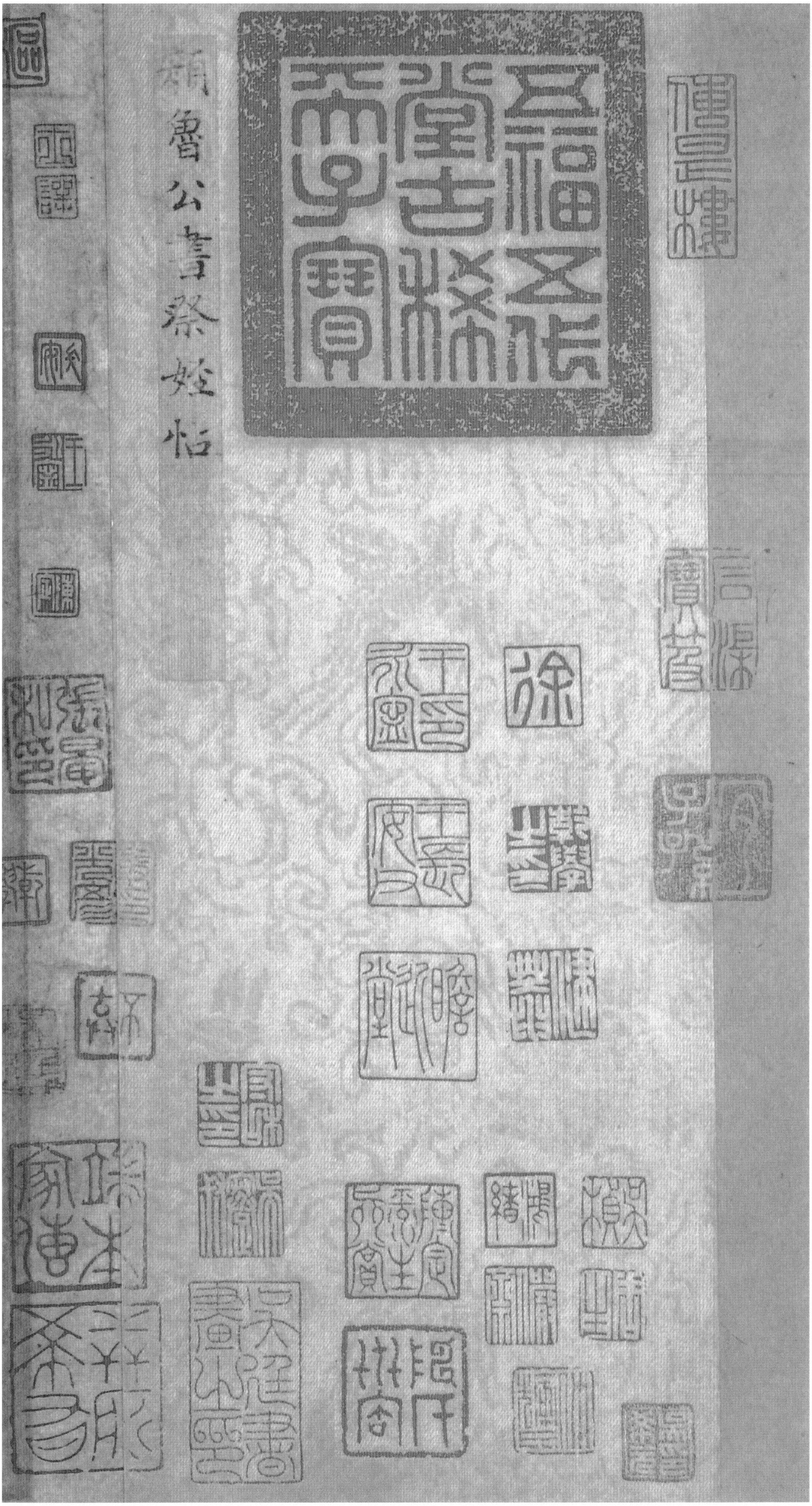
顏魯公書祭姪帖

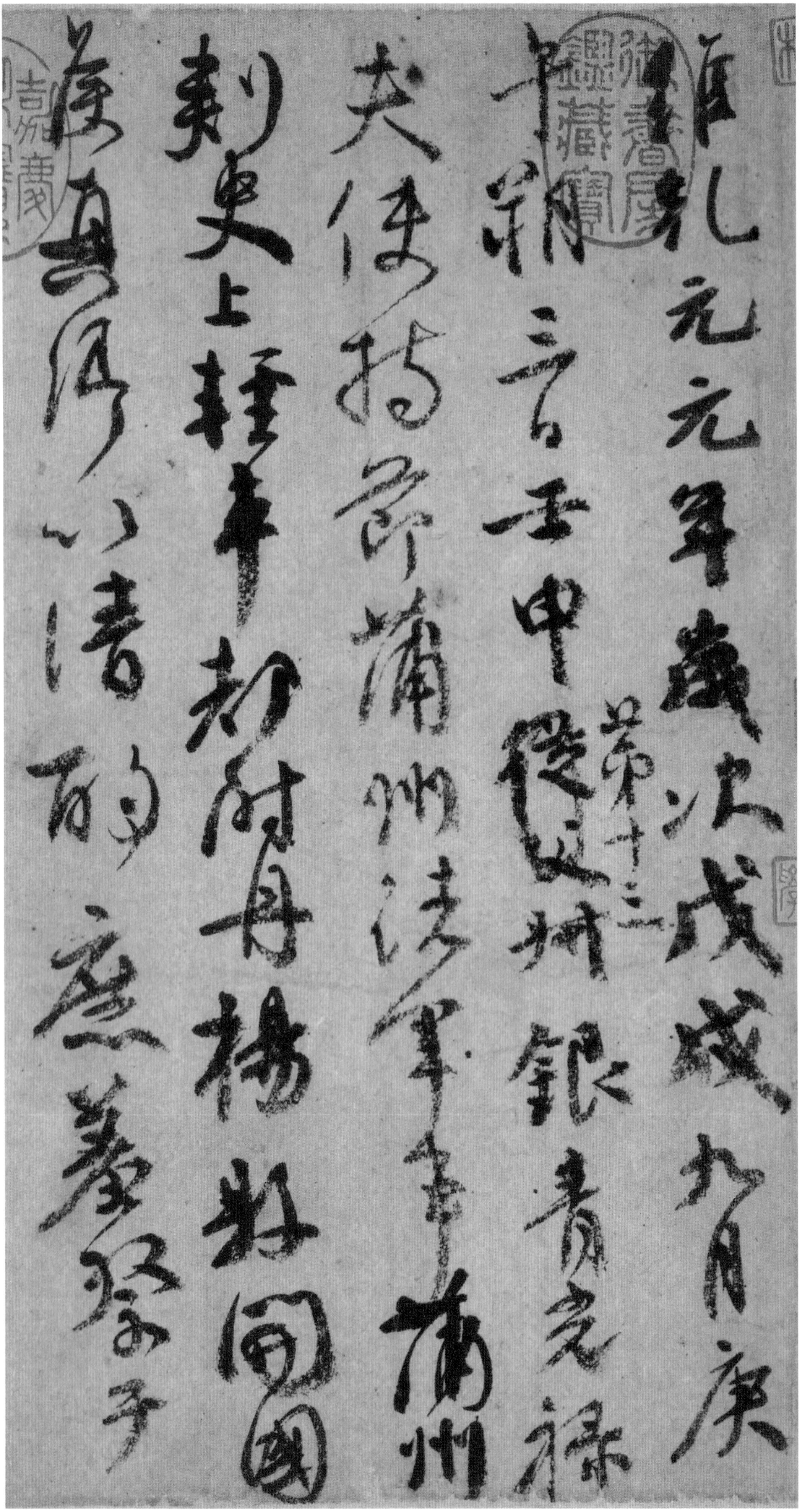

祭侄文稿

维乾元元年。岁次戊戌。九月庚午朔三日壬申。第十三叔。银青光禄（大）夫。使持节。蒲州诸军事。蒲州刺史。上轻车都尉。丹杨县开国侯真卿。以清酌庶羞。祭于

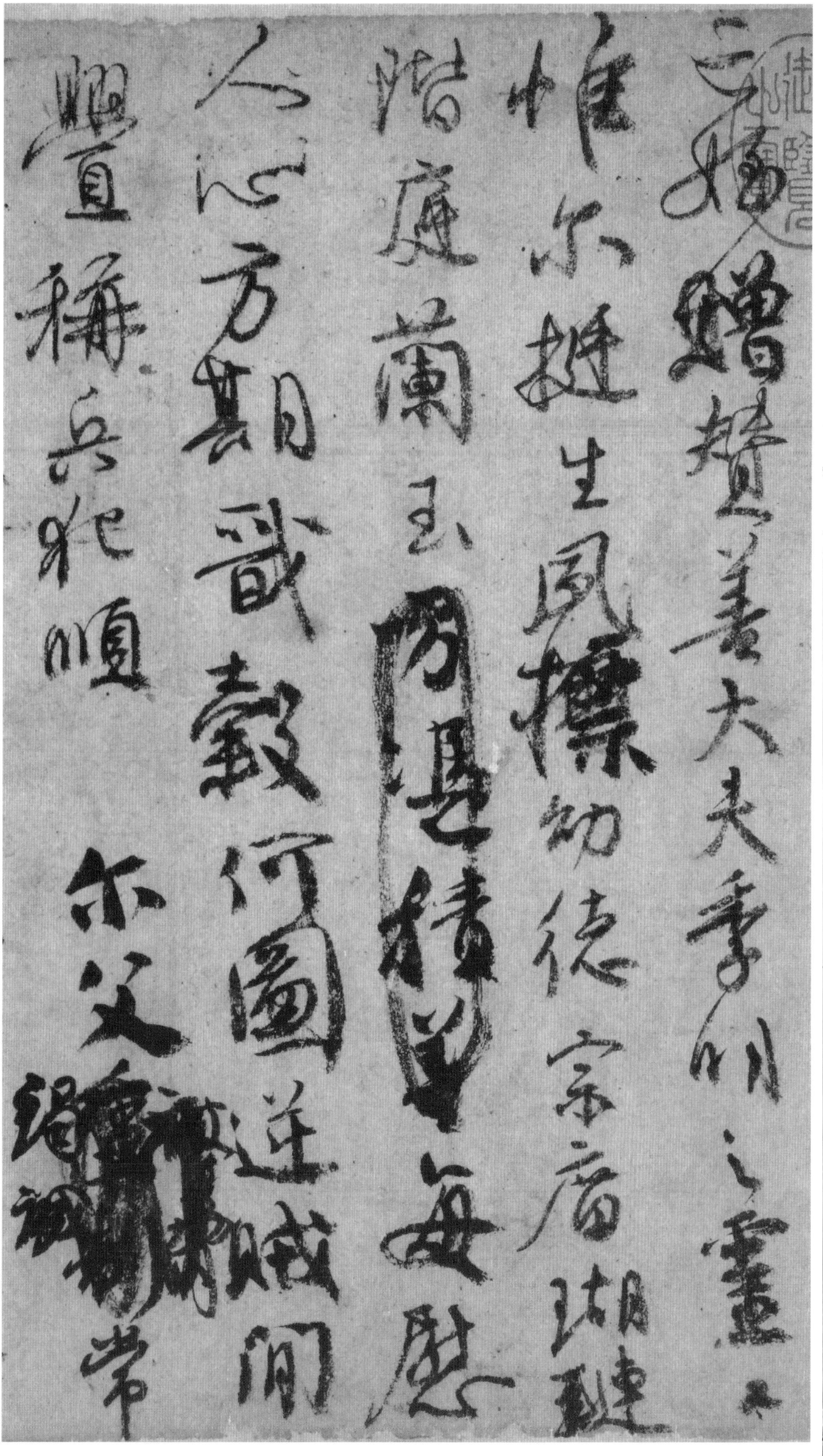

亡侄赠赞善大夫季明之灵。惟尔挺生。夙标幼德。宗庙瑚琏。阶庭兰玉。每慰人心。方期戬穀。何图逆贼间衅。称兵犯顺。尔父竭诚。常

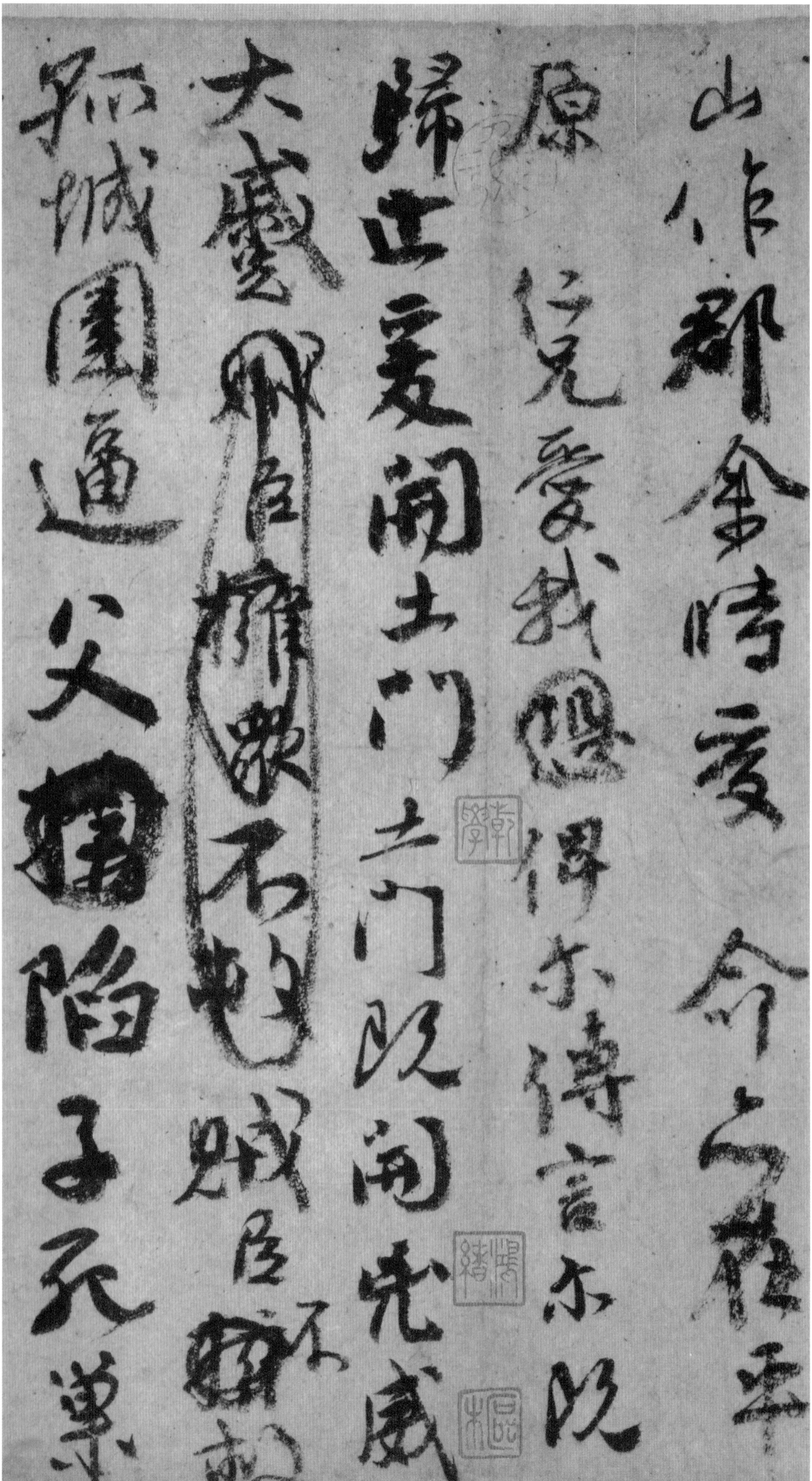

山作郡。余时受命。亦在平原。仁兄爱我。俾尔传言。尔既归止。爰开土门。土门既开。凶威大蹙。贼臣不救。孤城围逼。父陷子死。巢

倾卵覆。天不悔祸。谁为荼毒。念尔遘残。百身何赎。呜呼哀哉。吾承天泽。移牧河关。泉明比者。再陷常山。携尔

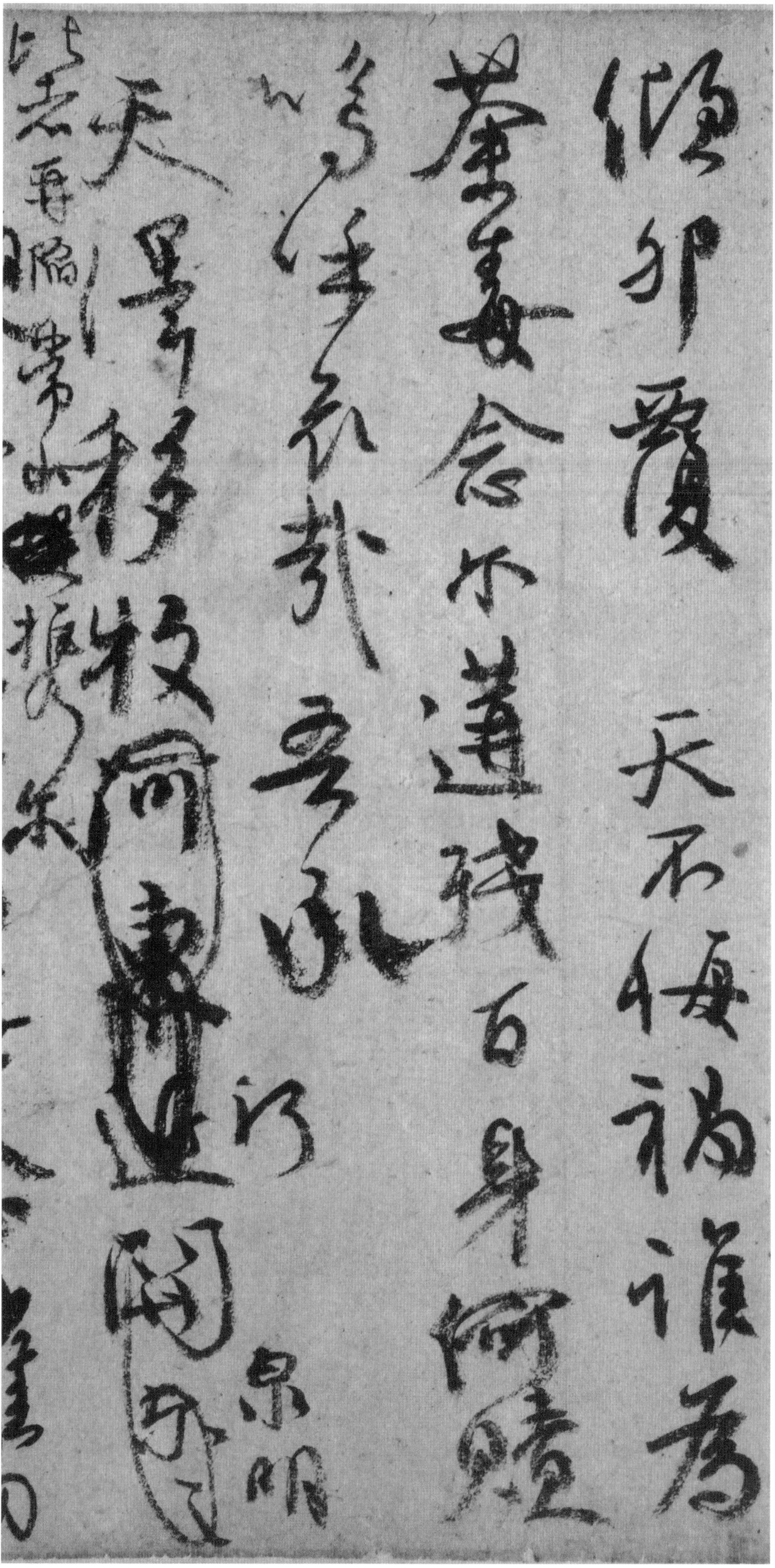

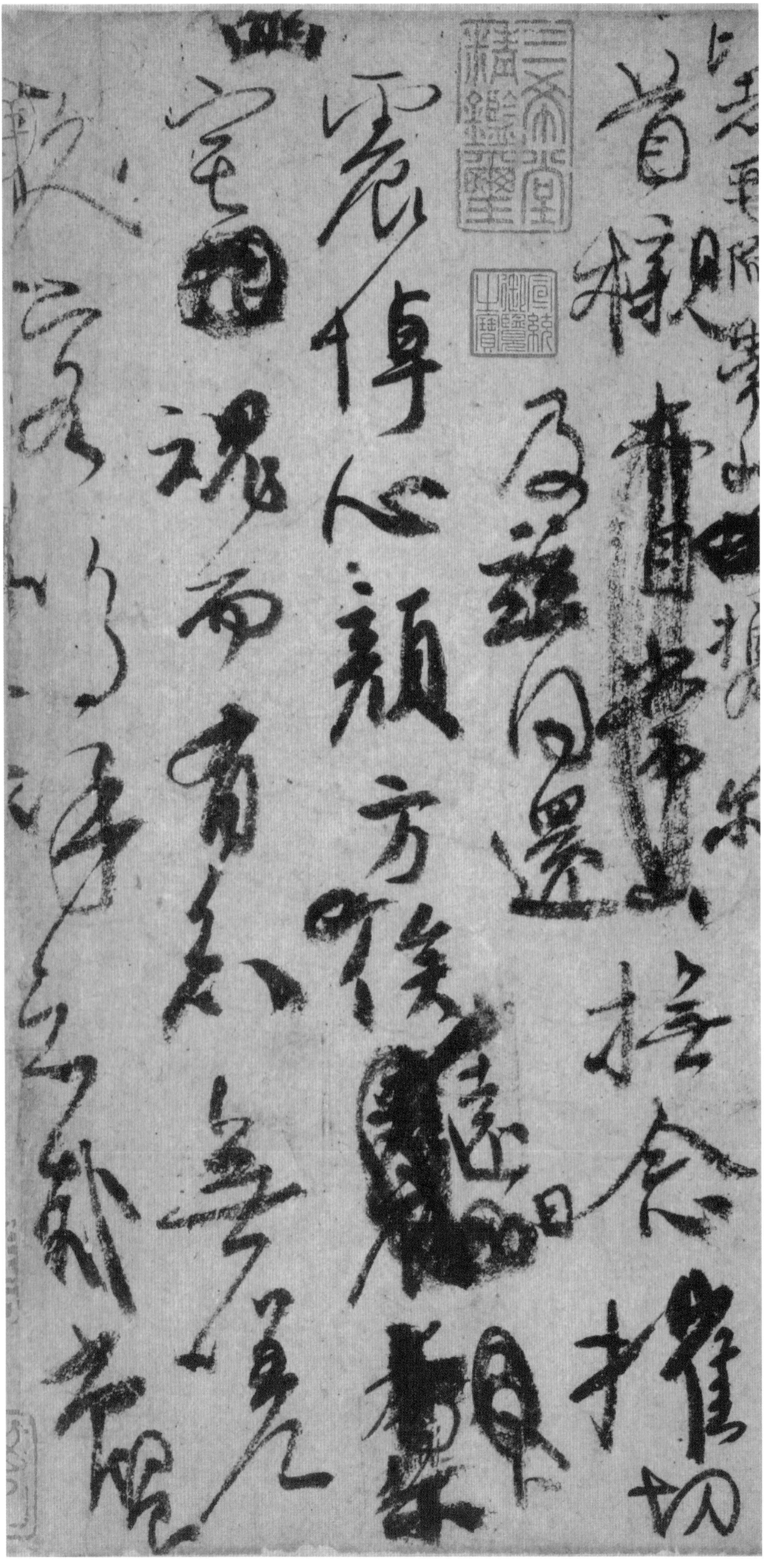

首榇。及兹同还。抚念摧切。震悼心颜。方俟远日。卜尔幽宅。魂而有知。无嗟久客。呜呼哀哉。尚飨。

右魯公祭姪藁共計字
二百三十四字又塗抹
三十四合二百六十八

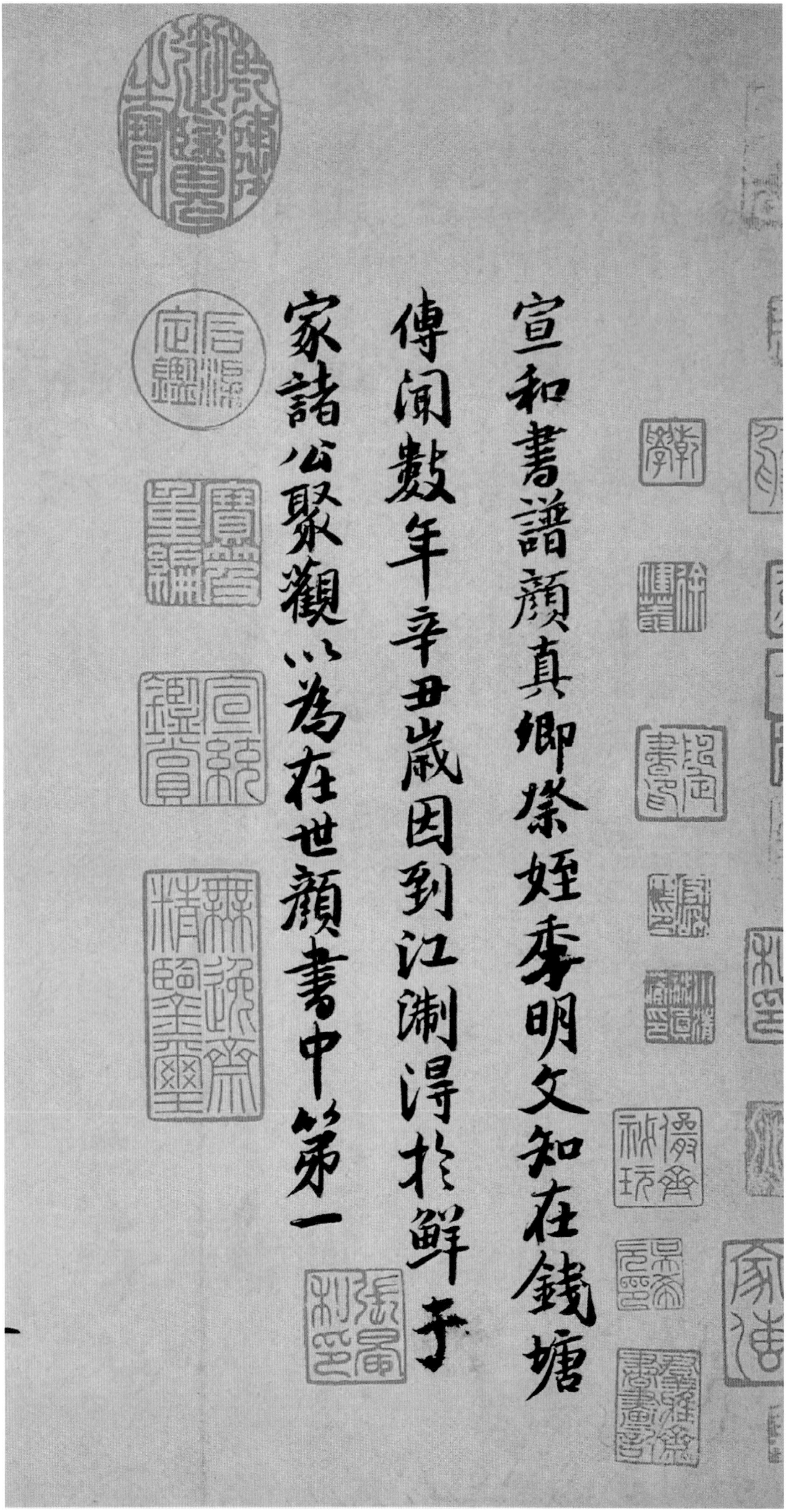
宣和書譜顏真卿祭姪季明文知在錢塘
傳聞數年辛丑歲因到江浙得於鮮于
家諸公聚觀以為在世顏書中第一

世傳顏書凡見八本李光顏太保帖乞米帖
頓首夫人帖今在秘書監馬病帖允南母告
昭甫告今在田師孟郎中家太子太師告
在一儫貴家此祭姪季明文今在余家住
京師嘗會諸賢品題以為告不如書簡書
簡不如起草蓋以告是官作雖端楷終為繩

約書簡出於一時之意興則頗能放縱矣而起草又出於無心是其心手兩忘真妙見於此也觀於此帖真行草兼備三法蓋宋名重當時宣和嘗收後為庸功剪去印記今於歲字傍猶有天水圓印痕跡其幾於湮沒者數矣向往錢塘始獲見焉

既歸于予喜不能寐東坡有云書必
於顏魯公忽予平生收書之志願永足矣
大德七年十一月初四日忠宣後人集賢
學士嘉議大夫兼樞密院判張晏敬
書于端本堂西觀學齋

賊臣不戢犯城闉卿
覆巢傾受酷殘彫彼
國家忠烈士知他民鮮
鑿耕安祈天永命奈
何忽制治保邦所以離
獨恨尔時作君者深
宮歌舞自尋歡
丁未仲春御題

右唐太師魯國公書祭姪季明文藁按宣和書譜載內府所藏魯公書廿有八此其一也宣和小璽及天水圓印遺迹

隱然尚存至元癸未以古書
數種易于東鄆曹彥禮甲
申來杭重裝戊子十月九日
鮮于樞拜手書

山東僑父周密觀于
玉琴軒

錢唐屠約同觀

南昌僧德一獲攬

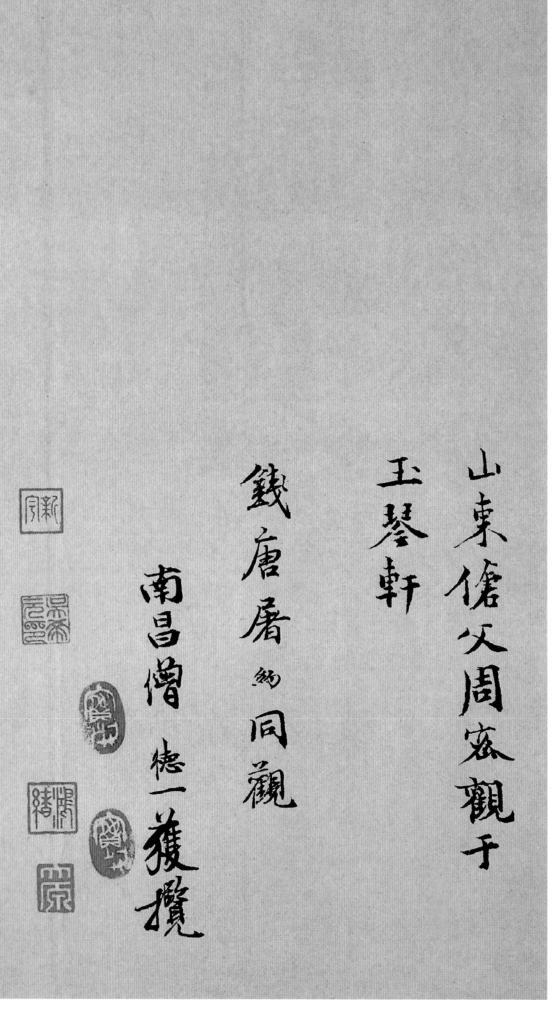

唐太師魯公顏真卿書祭姪季明文豪天下行
書第二余家法書第一至元壬午春得於東鄆曹
大本彥禮甲申錢塘重裝丙戌六月鮮于樞記

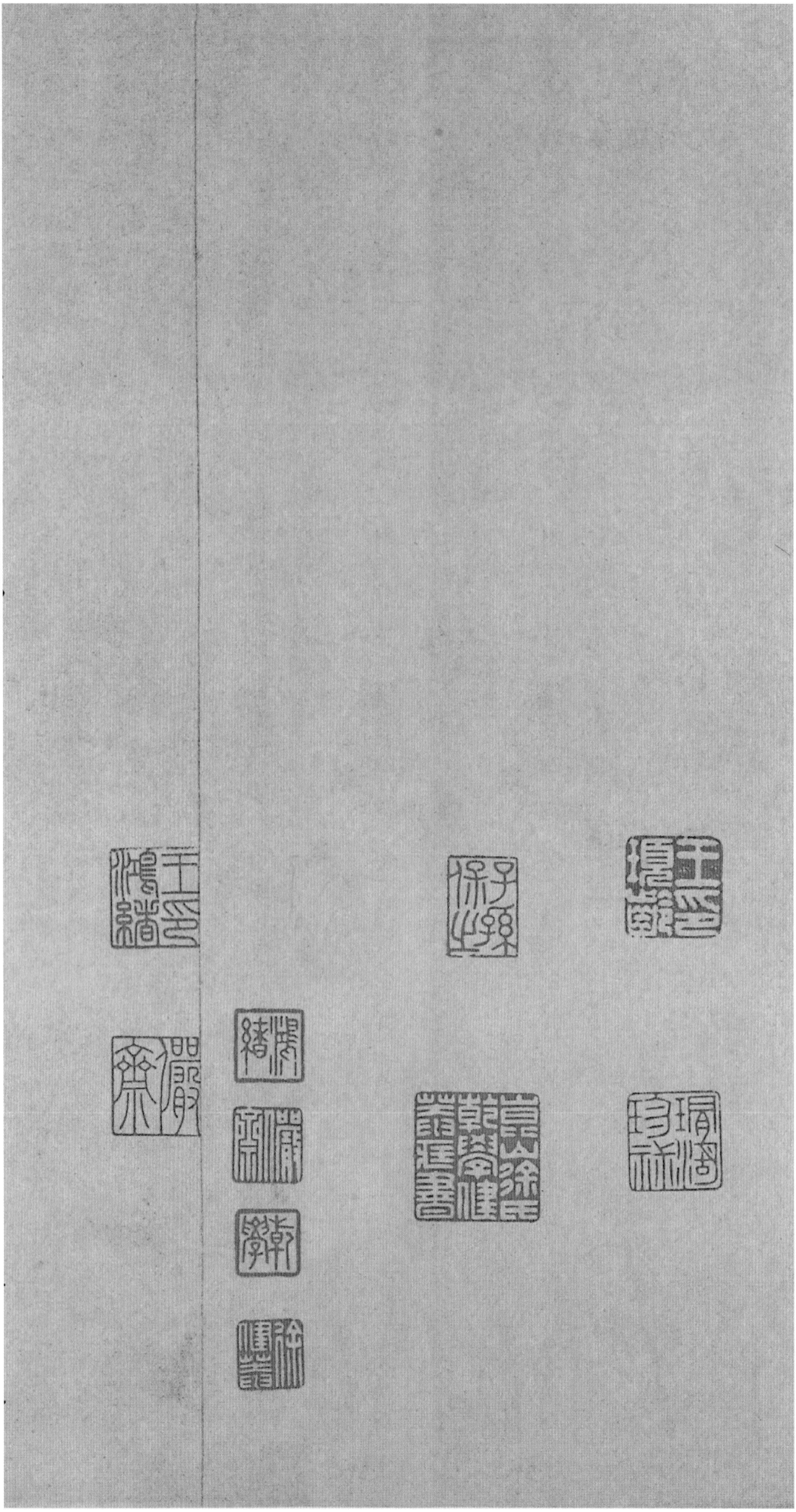

魯公祭姪文真蹟昔在大司寇徐健
菴先生所見之後歸婣弟儼齋又
見之其流傳始末考訂證據詳著
於諸跋中不待再贅一辭矣惟是
魯公忠義光日月書法冠唐賢片

纸隻字足為傳世之寶況祭姪文尤為忠憤所激發至性所鬱結豈止筆精墨妙可以振鑠千古者乎從子彤文知余素好古蹟寓書贈余余暮年得此如獲瓌寶書此數語以示子孫當世世珍藏與天地同不朽

也

雍正二年十一月十日松高老人王頊齡謹識於燕山邸舍時年八十有三

雍正甲辰長至後四日華亭王圖炳觀

顏魯公祭姪季明文真蹟向為溪南吳氏收藏後歸王
氏許布政弘勳得之以付其幕官徐介錫介錫與余有
宗人之分重價購焉驚喜累日魯公為忠臣鉅儒書體
為有唐之冠挺勁遒逸能化裁諸家而居虞褚歐薛之
上後此莫能出其範圍者此卷草稿行書又顏書第一
米元章未見真蹟以為不如坐位今所傳停雲館帖臨本

與此迥異嗚呼豈易得哉姪季明者忠節公杲卿之少
子新舊唐書謂杲卿爲公從父兄是二公本大功昆弟當
同居共財者于季明實從祖叔父稿内抹去從父二字嫌
於親季父故改稱十三叔其祭濠州伯父曰十三姪男皆就
同堂兄弟行次稱之也考公謝贈官表有云亡父故薛王友
先臣惟貞亡伯故濠州刺史先臣元孫等孩提養於舅氏
臣堂兄故衛尉卿兼御史中丞杲卿即元孫之子自叙甚

明新書稱同五世祖者謬矣舊書云祿山舉范陽之兵詣
闕杲卿忠誠感發懼賊遂冠潼關時從弟真卿為平原太
守陰養死士招懷豪右為拒賊之計遣使告杲卿相與起義
兵犄角斷賊歸路以紓西寇之勢新書亦云遣甥盧逖至常
山約起兵斷賊北道此祭文云仁兄愛我俾爾傳言是公使
人及盧逖往來通問季明亦必馳往約結密商挫賊之計顏
氏一門忠孝季明年少能於兵間參預謀畫效其死力不

但臨難捐命非公文千載而下其誰知之哉杲卿有子曰泉
明素有至性能振人之急風義凜凜史已詳言之季明獨見
于新書而舊書則曰幼子誕疑即季明之别名新書賊急攻
常山兵少求救於河東王承業承業前已攘杲卿殺賊功兵
不出此文所言賊臣不救者是也杲卿晝夜戰井竭糧矢盡
六日而陷賊脅使降不應取少子季明加刃頸上曰降我當活
杲卿不荅遂并盧逖殺之及至洛陽杲卿乃瞋目罵禄山以

殁此文云父陷子死是季明先殁而杲卿之慘死在洛陽舊書
謂幼子誕在洛陽同日被臠割者尚非事實又天不悔禍誰為
荼毒念爾遘殘百身莫贖詞甚沉痛蓋兵事始末常山與
平原實相唇齒從來謂祿山之禍始唱義聲者平原兄弟
公之得免屠僇僅一間耳公于事平之日追數骨月之慘所
謂痛定思痛無有一字虛飾者也泉明為王承業所遣未
至而常山陷因客壽陽復為史思明所獲間關得免其後思

明歸國而公為蒲州刺史遣泉明至河北求親屬及東都收
取尸骸季明止存其首故曰首櫬此文云泉明比者再陷常山
遺爾首櫬及茲同還爾時常山叛服不常再陷猶云再至是
季明首櫬乃泉明再至常山得之益知季明死于常山非死
于東都也通鑑至德二載贈故常山太守顏杲卿太子太保
謚曰忠節以子威明為太僕丞威明無所表著獨怪泉明之
賢官僅至郫令彭州司馬唐世之褒揚節義者為稍薄矣

公言皆實録後跋書體益復激昂忠憤勃發神氣震盪公
千古第一種人物亦擅千古第一種書體余衰年薄祜何幸
獲此重寶因考史傳同異証其文義而以臆見題識其後
子孫其永寶諸康熙三十三年夏五月徐乾學謹題時年
六十有四

按唐肅宗乾元元年戊戌至
今皇帝雍正二年甲辰凡九百六十七年魯公
此書閱歷已及千載矣非魯公之忠孝友
義足以感格天地書法之雄奇變化至於
超神入聖安能數經兵燹而紙墨完好神
采煥然若是乎意必有神物護持故能
入水不濡入火不熱也為之驚歎無已爰

志數語以著其流傳之永久云

松喬老人同日載題

图书在版编目（CIP）数据

颜真卿祭侄文稿 / 历代法书掇英编委编. -- 杭州 ：
浙江人民美术出版社，2020.12
（历代法书掇英）
ISBN 978-7-5340-7975-7

Ⅰ. ①颜… Ⅱ. ①历… Ⅲ. ①行书－法帖－中国－唐代 Ⅳ. ①J292.24

中国版本图书馆CIP数据核字(2020)第014725号

丛书策划：舒 晨
主　　编：童 蒙 郭 强
编　　委：童 蒙 郭 强 路振平
　　　　　赵国勇 舒 晨 陈志辉
　　　　　徐 敏 叶 辉
策划编辑：舒 晨
责任编辑：冯 玮
装帧设计：陈 书
责任校对：黄 静
责任印制：陈柏荣

历代法书掇英
颜真卿祭侄文稿

历代法书掇英编委会　编
出版发行　浙江人民美术出版社
地　　址　杭州市体育场路 347 号
电　　话　0571-85105917
经　　销　全国各地新华书店
制　　版　杭州新海得宝图文制作有限公司
印　　刷　杭州捷派印务有限公司
开　　本　787mm×1092mm　1/12
印　　张　3.333
版　　次　2020 年 12 月第 1 版
印　　次　2020 年 12 月第 1 次印刷
书　　号　ISBN 978-7-5340-7975-7
定　　价　45.00 元